GW00494938

Arcobaleno – Rainbow

Arcobaleno – Rainbow

SARA ELENA ROSSETTI

Patrician Press ● Manningtree

Sara Elena Rossetti insegna inglese e traduce dall'inglese all'italiano. Ha collaborato alla traduzione di poesie di Christina Georgina Rossetti tra cui *Goblin Market* e *The Prince's Progress*. Recita e ha collaborato a diversi progetti teatrali e cinematografici. *Arcobaleno - Rainbow* (originariamente *Nell'arco di un baleno*) è la sua prima raccolta poetica.

Sara Elena Rossetti teaches English and translates works from English into Italian. She has collaborated on translations of poems by Christina Rossetti, including *Goblin Market* and *The Prince's Progress*. She also acts and has worked on various theatre and film projects. *Arcobaleno - Rainbow* (originally *Nell'arco di un baleno*) is her first poetry collection.

Published by Patrician Press 2014.

For more information: www.patricianpress.com

First published as an e-book by Patrician Press 2013
This paperback edition published by Patrician Press
2014

Copyright © Sara Elena Rossetti 2013

The right of Sara Elena Rossetti to be identified as the
author of this work has been asserted in accordance
with the Copyright, Designs and Patents Act of 1988.

All rights reserved. No part of this document may be
reproduced or transmitted in any form or by any
means, electronic, mechanical, photocopying,
recording, or otherwise, without prior written
permission of Patrician Press.

British Library Cataloguing in Publication Data. A
catalogue record for this book is available from the
British Library.

ISBN 978-0-9927235-5-2

Printed and bound in Peterborough by Printondemand-
worldwide

www.patricianpress.com

Arcobaleno è la mia prima raccolta poetica. Sono versi in cui guardo il mondo attraverso filtri a colori che permettono di vedere un po' di più (a volte un po' di meno!). I sette colori dell'arcobaleno - con l'aggiunta del bianco e del nero - accolgono, riflettono, accentuano e deformano quanto chiede di essere raccontato. Sono versi che parlano dei sogni e dell'amore, dello scorrere del tempo, della natura animata delle cose, di compagni di cammino come le nuvole, le stelle, le api e le lucciole. Tutto concorre alla ricerca di senso che è propria di ogni essere umano, così gli oggetti di ogni giorno, gli elementi naturali e animali si prendono per mano e anche una borsetta, degli scarponcini, una chiave o una bussola diventano interlocutori. Le parole scivolano nel fluire della realtà manifesta e di ciò che, invece, non appare a prima vista. Corrono veloci, le parole, quando le chiami a raccontare la vita che pare "un ciondolo con una pietra indistinta appesa ai fili del cielo".

Rainbow is my first poetry collection. In the poems I look at the world through colour filters that make me see a little more (or sometimes less!). The seven rainbow colours – with the addition of black and white – embrace, reflect, emphasize or distort what is recounted. The verses describe dreams, love, the flowing of time, the animated nature of things and travelling companions such as clouds, stars, bees or fireflies. In this collection, everything contributes to discovering a meaning and everyday objects, both natural and animal, become part of a whole so that even a handbag, a pair of boots, a key or a compass become significant. Words flow through reality and unreality, through what is seen and unseen and they run fast when you tell of life that seems like "a pendant with an indistinct stone hanging by threads to the sky".

BIANCO - cose che abitano più vite

WHITE - things that inhabit more lives

soffione

È come questo

è la vita che s-fiora

filo sottile.

dandelion

It is

life un-flowering:

a thin thread.

altrove

Quando arrivi

a notte inoltrata

credo di sentirti

e immagino appena

una carezza sulla guancia.

Poi capisco che non siamo soli

un rumore sordo

un battito di ciglia

c'è ancora qualcosa di là

nell'altra stanza.

somewhere else

When you come back

deep in the night

I think I hear you

and imagine the slight touch

of your caress on my cheek.

Then I see we are not alone

a deaf sound

a blink of an eye

something is still there

in the other room.

carezze

In quel posto lì –

in cui le cose hanno il loro peso

tra ciuffi di bambagia

le nostre due mani si fanno una carezza

e tu mamma

sorridi piano

mentre io sfioro il mio ventre e

ti rendo un bacio sulla fronte.

caresses

Over there

where things have weight

among clouds of cotton wool

our hands in tender caresses meet

and you, mum,

you smile gently

while my fingers brush my womb

and I give you a kiss

on your forehead.

signore trasparente

Signore sei accanto a me
trasparente.
A volte assumi le sembianze
di uno stillicidio di cera,
di una goccia di latte,
di una foglia o una passiflora.
È proprio
così che ti amo molto,
anche quando non ti fai
vedere e togli tutti
i colori dalla tavolozza,
anche quando prendi
i minuti, li infarcisci di
pensieri e me li togli
dal tempo.

transparent god

Lord, you are transparent
next to me.
You sometimes take the shape of
flowing wax,
a drop of milk,
a leaf or a passion flower.
It is as this
that I love you,
even when you are unseen
and you remove
all the colours from my palette,
even when you take the minutes,
fill them with thoughts
and steal them
from my time.

oggetti smarriti

Sulla linea delle cose perse

non ci sono sfumature

solo trasparenza

tangibile e assente.

Puoi toccarle

ancora belle

come quando le tenevi tra le mani

e anche ora

che son perdute

stanno lì sulla linea

appollaiate come volatili

incolori trasparenti

tangibilmente presenti:

stanno lì e ti guardano ancora.

lost objects

On the line of lost things

there are no shades

only transparency

touchable and absent.

You can touch them

as beautiful

as when you held them

and now

that they are lost

they stay on the line

roosting like birds

colourless and see-through

so palpably present

they stay there and still look at you.

lievi

Siamo lievi

come fiori al vento

e corriamo verso il paradiso.

delicate

We are delicate
flowers in the wind
we run towards heaven.

ROSSO - fonemi intrisi di passione

RED - passion-soaked phonemes

scarpe rosse

A che pro

addormentarmi

pensando alle

scarpe rosse di vernice?

Non posso

fingere ancora il pensiero felice

di quella finzione

non son più capace.

Non sono loro

e non so cos'è.

Come posso chiudere gli occhi

senza il mio pensiero

prima di dormire?

red shoes

Why did I

fall asleep

thinking about

red patent leather shoes?

I can no longer pretend happy thoughts;

of that pretence

I am no longer capable.

It is not them

and I do not know what it is.

How can I close my eyes

without this thought

and fall asleep?

labbra

Cerchiano i cerchi sui miei fianchi

con l'esistenza passeggera

come a frugare lieve

giù in fondo alla vita:

che ci sarà mai laggiù?

Tu che cerchi,

Animetta,

che vai blaterando

con quelle labbra sottili

su e in giù per i sentieri scoscesi?

Vieni a correre

nel cerchio d'acqua,

corri sulla linea del confine

che qui si ama per davvero.

lips

They trace circles on my hips

with their fleeting touch

exploring below the waist:

what is supposed to be down there?

What are you looking for,

pure soul,

blabbing on

with those thin lips

up and down the

steep slopes?

Come here and run

in the circle of water,

on the line marking the border

for here we can really love.

graffi

Graffiandomi

nei punti interrogativi

mi investighi con i tuoi perché:

sai come fare, tu

un po' far male, tu.

Non ti curi

mentre rotea il tuo dito

tra i capelli del mio sanguinare

o forse solo

non lo vuoi dare a vedere.

Il tuo sapere quanto

si può soffrire

rende grande il tuo sputare,

quel tuo voler bestemmiare.

Mi graffi e non sai

quanto mi ami anche tu,

come me

che ti sogno

quando la luce se ne va.

scratches

Scratching me

with question marks

You dig into me with your whys

you know how to do it, you know

how to hurt a bit, you.

You do not care

while your finger whirls

in my bleeding hair

or you just don't want to

show you know.

Your knowing

how much one can hurt

makes your spitting noble

as does your need for swearing.

You scratch and do not know

how much you love me too,

just like me

who dreams of you

when the light goes out.

il cucchiaino

Ho preso in prestito un cucchiaino

dalla mensa del mio manicomio.

E ti doni

ché ho fame di te.

the teaspoon

I have borrowed a teaspoon

From the kitchen of my asylum.

And you give yourself

because I am hungry for you.

potessi esser tutto mio

Potessi esser tutto mio

spolparti come un frutto

e possedere tutta la tua vitalità

in questa mia essenza

di regina senza regno.

Avessi la bacchetta

possederti il cuore e poi

girarmelo tra le mani

nell'infinito scardinato essere

vorticoso dell'amore.

Se solo avessi occhi di gatto nella notte

per prenderti una cicala

e donarla al tuo prezioso petto

forse allora

sì, allora mi doneresti un pochino della

tua pelle ambrata

mio amore dolce.

Amore dolce, potessi essere tutto mio,

e io potessi donarmiti come

non sono più in grado di fare

t'amerei tutte le margherite

di questa terra infinita

t'amerei che il mondo si fermerebbe

in silenzio

in preda ad una follia senza nome

così, per farci amare

in questa gelida inquadratura

amore mio infinito.

T'amerei a più non posso

ad una velocità senza controllo

e così ferma

così t'amerei

come del tuo cuore posseduto

e malato e fermo in me scatola di vetro

principessa senza principato

t'amerei d'un condizionale

con un eco illimitato.

Amami anche tu tutte le margherite

amami anche tu e prendilo in mano

il mio cuore

bacialo senza rumore

senza fine

baciami il cuore.

Potessi essere tutto mio,

amore.

you could be all mine

You could be all mine
I could peel you like a fruit
and possess all your vitality
in this essence of mine
a queen without a country.
If I had a magic wand
to possess your heart
and turn it over in my hands
in the infinite scattered whirling
of being in love.
If only I had cat's eyes in the night
to hunt a cicada
and present it to your precious breast
maybe then
yes, you would give me a piece of your
amber skin
my sweet love.
Sweet love, you could be all mine
and me, I could give myself to you
as I am no longer able to do
I would love you with all the daisies
of this infinite land
I would love you and the world would stop

in silence
falling prey to a nameless madness
like this, to make us love
each other in this freezing frame
my infinite love.
I would love you fit to burst
with a speed so out of control
and so fixed.
In this way I would love you
like being possessed of your heart,
and sick and shut in my glass-box,
princess without principality,
I would love you with
all the conditional verbs
in a timeless echo.
Love me too and with all the daisies
Love me and take my heart
in your hands
kiss it quietly
endlessly
kiss my heart.
You could be all mine,
my love.

fil rouge

Il filo rosso è

invisibile.

Lega tutti noi: solo in un attimo si tiene.

Potremmo non vederlo mai

oppure anche vederlo più di una volta.

Ci lega tutti ed è

di fitta lana rossa.

Me l'ha detto *Lei* ieri notte

all'orecchio. Credo sia

importante che non lo diciamo

a nessuno.

fil rouge

The red thread is
invisible.
It ties us together: only in one moment are
we held.
We might never see it
or see it more than once.
It ties us all and is made
of thick red wool.
She whispered it in my ear
last night.
I think it important
we don't tell anyone else.

ARANCIONE - pistilli tra le palpebre dei
sogni

ORANGE - pistils through the eyelids of
dreams

nel mio mondo

Le sirene hanno le ali

e scarto una caramella arancione.

Le nuvole hanno i piedi

e ne ho chiamata una per nome.

in my world

Sirens have wings

and I unwrap an orange sweetie.

Clouds have feet

and I called one by her name.

semi

Se correte un poco più in là

troverete alcuni semi di dolore:

sarei per cucinarli domani

a colazione.

Sbrigatevi, folletti!

seeds

If you run a little further
you will find some pain seeds:
maybe I'll cook them
tomorrow for breakfast.
Hurry up, little goblins!

una gerbera arancione

Avrei desiderato

che il mondo cambiasse

di colpo colore

una gerbera arancione

che ci rendesse ciechi

di fronte a tutte le apparenze.

an orange gerbera

I would have liked

the world to change

its colour suddenly

an orange gerbera

to make us blind

to all appearances.

alla ricerca d'acqua

La rabdomante ha sbagliato cartina
ed è venuta qui a cercare
l'acqua che non esiste.

Gira incerta e non si fa notare
mentre cammina con il suo bastone
poi si ferma nella sera a guardare
questa vita che non le appartiene.

Anche se è cieca
ha visto qualcosa che non esiste
e non desiste
mentre continua a cercare
con quel suo bel bastone
per potersi dissetare.

looking for water

The water diviner

had the wrong map

and came here to look

for water.

She goes round and is unnoticed

while she walks with her stick.

Then she stops at night to look at

this life which is not hers.

Even if she is blind

she saw something that does not exist

and she does not desist

while she keeps on searching

with her trusty stick

to quench her thirst.

fiori di zucchero

Il prato è verde e costellato
di piccoli puntini colorati: sono loro,
sono i fiori di zucchero
fragili e delicati
mi chiamano e hanno voglia di
giocare – sono colorati e sostanziosi –
chiamano e io corro!
Mi rotolo nell'erba verde e
poi gioco e li mangio
i frutti dell'amore.

sugar flowers

The field is green and starred

with small coloured dots:

there they are, the sugar flowers

fragile and delicate

they call me and want to play

so colourful and tasty

they call me and I run!

I roll about in the green grass

and I play and eat them

the love fruits.

fiori di zucchero (due)

Sono spariti.

Chi me li ha portati via?

Me lo dici

chi me li hai portati via?

C'è solo l'erba

l'erba verde e il silenzio

e nessuno più che chiama.

Chi ha preso i miei fiori di zucchero?

Silenzio, parlami!

Anche un solo granello –

chi ha preso i miei fiori di zucchero?

sugar flowers (two)

They have disappeared.

Who's taken them away?

There is only grass

green grass and silence

And nobody calling anymore.

Who took my sugar flowers?

Silence, talk to me!

Even just a single grain –

who took my sugar flowers away?

GIALLO - il girasole al nascondino

YELLOW - the sunflower playing hide
and seek

api

I raggi dell'anima
corrono fin su
in una spirale di sole –
io e le api corriamo
ad acchiapparne la scia.

bees

Soul rays

run on up

in a spiral of sunshine –

The bees and I running

to catch their slipstream.

il guscio

Chi mai
avrà le zampe
per aprirmi,
lucciola di campo?

the shell

Who will

ever have the paws

to open me?

I am a firefly.

ombrello

Sale il vento,

acchiappo un ombrello

e sto sul tetto,

aspettando che mi

porti e volerò

anche io.

umbrella

The wind is rising
I'll grab an umbrella
and stay on the roof
waiting for the wind
to take me and I will fly
too.

sole giallo

È solo l'alba

e ho sonno.

Si sveglia il sole,

gli offro un caffè:

gli sto simpatica,

mi sorride,

lancia un raggio,

poi si lecca i baffi e

saluta in giallo.

yellow sun

It is just dawn

and I am sleepy.

The sun wakes up

I offer him a coffee:

he says I am nice,

he smiles,

throws a ray,

then he licks his chops

and says goodbye in yellow.

lucciola

Sul far della sera

la tua luce altalenante

come i miei umori.

Solo di notte però

posso vederti

puramente

nella tua ambigua verità.

In quell'oscuro

incerto esistere

appare quello

che c'è e non c'è.

firefly

As evening falls

your light is see-sawing

like my moods.

But then at nightfall

I can see you

purely

in your ambiguous truth.

In that dark

uncertain existence

what is and what is not

appears.

VERDE - smarrirsi fin sulla via di casa

GREEN - being lost until you find the way home

senza casa

Ho perso la bussola

ci si stringe di dolore

di fronte a tale smarrimento:

chiamo il pronto intervento

che venga a recuperarmi

se ci riesce

ovunque io sia.

homeless

I've lost my compass:
nobody grieves.
I'll call emergency
to rescue me.
If they can,
wherever I am.

guinzaglio

Tirerò solo un poco
il guinzaglio per farti correre
anima mia
e se poi mi scapperai
non sarà che un bene!
Dunque ricorda
la porta è socchiusa.

leash

I'll pull on the leash
to make you run, my soul,
if you run away
it won't be so bad.
Just remember
I've left the door ajar.

alga

Vorrei vedere dove finisco

a furia di volare basso:

le voci delle preghiere

mi chiamano ad andare

anche se non ho capito dove.

Faccio come le alghe

in mezzo al mare

lasciandomi tirare:

sono sempre troppo razionale

e vorrei solo

spegnere e andare.

Conviene non prendere

gli occhiali da sole

e lasciarsi abbagliare.

seaweed

I'd like to see where I end up

by flying low:

praying voices

summon me to go

even if I do not know where.

I act like seaweed

in the midst of the sea

letting myself be pulled:

I am always too rational

and would just like to

switch off and go.

It would be better

not to take sunglasses

and let me be dazzled.

foglie

Vengo qui

a coprirmi la vita fredda

con queste foglie

che sono come lei

secca e riarsa.

Intorno tu non ci sei.

Posso vedere solo l'aria o

se m'impegno

anime in trasparenza

che sono fatte di nulla.

Che poi, quando anch'io

me ne sarò andata,

chi verrà qui a coprirsi la vita?

O resteranno solo loro?

leaves

I come here

and cover my cold life

with these leaves

that like my life

are dry and arid.

No sign of you around.

I can see just air or

if I make an effort

transparent souls

made of nothing.

And when I too have gone

Who'll come here and

cover their lives?

Or will only they remain?

tra le fragole

Due gattini dormono

sogni striati

labirinti di latte

su e giù sul viottolo scosceso

le foglie li cullano

tra una fragola e una spina.

Poi d'improvviso balza un baffo

s'affusola la zampa

roteano gli occhi del cucciolo felino

che repentino sveglia tutti

per paura dell'aldilà.

in amongst the strawberries

Two kittens sleeping

intermittently dreaming

labyrinths of milk

up and down the steep lane

leaves cradling them

between a strawberry and a thorn.

All of a sudden a whisker twitches

a paw stretches

the kitten rolls its eyes

he wakes everyone

for fear of the afterlife.

il pesce verde

Ho visto una rosa,

non so se era un sogno

era bianca e aveva un petalo rosso.

Sotto un portico

con un gatto

la rosa volteggiava intorno a noi.

Non so più dir se è vero

o era un sogno,

c'ero io e c'erano loro

e poi un pesce,

un pesce verde.

the green fish

I saw a rose

I don't know if it was a dream

it was white and had one red petal

under a cloister

with a cat

the rose flying around us.

I don't know if it was real

or just a dream

I was there and there they were

and then a fish,

a green fish.

BLU - il giorno che corre nel cielo

BLUE - the day running through the sky

forma d'elefante

Una nuvola ha
forma di elefante.

Mi allungo sulle punte e
le urlo di venire a
prendermi, e di farlo subito
perché oggi non ho voglia di sgolarmi.

Irriverente si volta e corre
dalle amiche per giocare
a far la pioggia.

L'ho sentita che diceva:
oggi mi lascia sola con
tutti i miei pensieri
di morte.

elephant shape

A cloud is

elephant-shaped.

I stretch out and

shout at it to come here

and take me at once

since today I don't want to get hoarse.

She turns her back disrespectfully

and runs to her friends

to play at rain-making.

I heard it saying:

today it is leaving me

alone with all my thoughts of death.

un giorno di settembre

Regalandoci un po' di sole
venne un giorno di settembre.

Si appoggiò sulle dita di velluto
poi strusciò impalpabile
tra l'erba verde e se ne andò.

Il sole è morto.

Senza farsi annunciare
è venuto come un giorno senza colore
quell'azzurrato trasparente
velato delle lacrime.

a september day

Giving us a little sun

a September day appeared.

It leant on velvet fingers

then vaguely shuffled

through the green grass and took off.

The sun is dead.

It came here - a colourless day -

without announcement

that transparent light blue

veiled by tears.

una lacrima

Ho preso una lacrima

stamattina

e l'ho messa nel taschino

per ricordarmi che sono viva

e le ho dato

un nome.

Poi nessuno lo sa

ma lo so io

e questo

è quanto basta.

a teardrop

I took a teardrop
this morning
and put it in my pocket
to remind me I am alive
and gave her
a name.
Nobody knows it
but I know
and that
is enough.

respiro lieve

Il tuo respiro è azzurro
sulla mia pelle bianca di neve.

Cade a lustrini
come pioggia
sui miei perché e
si domanda anch'esso
quale sia la sostanza.

Non sa dire il tuo respiro
unito al mio
allora lo prende semplice
mentre brilla.

slight breath

Your breath is blue

on my snowy white skin.

It falls in sequins

like the rain

on my questions and

wonders too

about substance.

Your breath cannot say

joined with mine

so it simply takes it

while it shines.

la tovaglia

Lascia che prenda il volo

lascia che esca a fare un giro

questo folle desiderio

voli fin su nel cielo celeste di domani

e torni pieno di respiro

torni a trovarci

con grandi tovaglioli

e grandi pensieri forti

con cui imbandiremo la nostra tavola!

the tablecloth

Let it fly off

let it go for a walk

this mad wish

fly up to tomorrow's sky

and come back full of breath

come and visit us

with great napkins

and great strong thoughts

we will use to lay our table!

INDACO - i punti di domanda

INDIGO - question marks

una al giorno

Una al giorno
basta l'illusione d'eternità?

one a day

Is one a day

enough for the illusion of eternity?

la matita

Ha una punta strettissima

che striscia acuminata

s'inerpica sulla pelle

sale fino al collo

e poi ridiscende

a salutare i miei piedi:

è una matita che scrive

indelebili parole

fugaci, riottose, insensate e forsennate

tutte parole che oggi non hanno

un gran daffare

mi vengono a trovare

per non lasciarmi più.

the pencil

Its very sharp tip
pointing and scraping
toiling up my skin
scaling up to my neck
going down
to greet my feet:
it is a pencil
of indelible words
fleeting, rioting and senseless.
They do not have
much to do today,
they visit me
and never leave.

domande a cucchiaino (?)

Dentro una tazza di tè
cercherò ancora la sete
di una qualche risposta,
se possibile affermativa.

Chissà che
in un granello di zucchero
non si nasconda tutto e
tutto insieme.

Non mescolerò molto
e tenterò di non pensare.

Se non penso
forse ne troverò di più.

spoonful questions (?)

In a cup of tea

I still look for

some thirsty answers

hopefully affirmative.

Who knows if

in a sugar grain

everything can hide

and hide all together.

I will not stir it

and try not to think.

If I don't

I think I will find more.

quando andrai al lago

Quando andrai al lago

amore

pesca una parola per me

che sono muta

nel sole di novembre.

Mentre l'amo farà luccicare l'acqua

tu, amore,

troverai lettere per me.

Salteranno in ogni dove

fin dentro la tasca del tuo giacchino.

Quando andrai al lago

amore

pesca una parola per me

che sono muta

nel sole di novembre.

when you go to the lake

When you go to the lake

my love

catch a word for me

as I am silent

in the November sun.

While the hook

makes the water shine

you will find letters for me.

They will jump here and there

even into your breast pocket.

When you go to the lake

my love

catch a word for me

as I am silent

in the November sun.

condizionali

Costruisco di costante
una pianta di congiuntivi.
Mi piacciono e amo anche
i condizionali: sono il meglio di noi,
tutto ciò che potremmo essere
e non siamo.

conditionals

I am constantly building my

subjunctive trees.

I like them and also

love conditionals: they are the best,

all we could be

and we are not.

la chiave

Nel libro dei misteri

ho trovato una chiave:

non ha nome e

della porta

non è dato sapere.

Pare che la sappia lunga

ma non ha voglia di

parlare.

Chiavi mute, s'intende:

non hanno più parole.

the key

In the book of mysteries
I found a key:
it does not have a name
and about its door
nobody knows.
It is supposed to know
but it doesn't want to
talk.
Silent keys, for sure:
they have words
no more.

VIOLA - l'ametista che ha bisogno
di te

VIOLET - the amethyst that needs
you

sul far dei sogni

Dormire di poesia

senza pretese

non cercando risposte.

La vita mi pare

un ciondolo

con una pietra indistinta

appesa ai fili del cielo.

as dreams fall

Sleeping with poetry

without demands

not searching for answers.

Life, it seems, is

a pendant

with an indistinct stone

hanging by threads to the sky.

angolo

C'è un angolo obliquo

in cui il tempo termina

il suo dire scostante

ed è lì che ti trovi.

Non esistono più le cose:

ogni evento si lascia a se stesso

indomito e pavido.

Uno spazio senza perché

in cui non v'è ragion di soffrire.

Sopra quel punto hai motivo

di ritrovarti perché

il tempo non c'è

è solo sfumatura.

corner

There is an oblique corner

where time stops

its constant talking

and this is where you are.

Things do not exist

every event folds into itself

untamed and fearful.

A space without asking why

where there is no reason for suffering.

On that spot you aim

to find yourself

time is not there

it is just a shadow.

istante

Su quel filo sospeso

abbiamo unito le pupille

in quell'istante

unico

è stata la vita

nel momento in cui

abbiamo saputo

che non sarebbe più tornato.

instant

On that suspended thread

we locked eyes

at that unique instant

was a lifetime

in the moment

of which we knew

it would never

return.

poesia della borsetta

Sono ferma e

aperta nel mio esistere.

Ciondolo un po'

e m'impigrisco

accasciandomi sul pavimento

dove mi hanno abbandonata.

Temo arrivi

qualcuno e si porti

via tutte le mie cose:

le custodisco

buttando energia

forte

cosicché nessuno le prenda.

the handbag poem

I am still

and open in my existence.

I hang around

and grow lazy

flopping on the floor

where they forsook me.

I am afraid somebody

will take all my things:

I protect them

emitting such

strong energy

that nobody can steal them.

serpe

Una serpe alla caviglia
tiene il passato sulla bocca.
In testa una ninfea
studia incerta dove andrò.
All'ombelico un vuoto
colmo di rugiada:
ho un presente di poesia che
non so se durerà.

snake

A snake on my ankle
keeps the past on her mouth.
On my head a lily
is not sure where I will go.
A deep well in my navel
is full of dew:
I have a gift of poetry
I don't know if it will last.

NERO - del buio e dei non luoghi

BLACK - dark and non-places

epifanie

Su un salice epifanico nel grembo
son salite piano piano le nuvole
e le stelle
per pregare che tornasse la luce
a rischiarare ancora la notte.

epiphanies

On an enlightened willow on my lap

clouds and stars

have climbed slowly, slowly

to pray for light to return

and illuminate night once more.

cupi veli

Velati

sono di costante

i volti che vorrei baciare.

Hanno con sé

il velo del dolore

quel cupo velo trasparente.

Dove corri?

Traspari.

dark veils

Constantly veiled
are the faces
I would like to kiss.
They are accompanied by
the veil of pain
that dark transparent veil.
Where are you running to?
You are transparent.

il ramo

Un piccolo ramo secco

mi passa accanto e si stupisce

di quanto io sia sottile.

Le cose si muovono

e vanno.

Se n'è andato

nel frattempo

anche il mio ramo secco.

the branch

A small dry branch
brushes past me, astonished
by my being so thin.
Things move
and go.
My branch too
in the meantime
has disappeared.

lampi

Lampeggia.

Quando poi c'è

il buio

non sai più

chi sei.

Quella

è la vera

meraviglia.

lightning

It flashes.

When it is

dark

you no longer know

who you are.

That

is the real

wonder.

piccola magia

È solo

una piccola lucciola

che ti illumina

per un attimo.

Poi puoi morire.

Spegni la luce.

little magic

It is only
a small firefly
that lights you up
for a moment.
Then you can die.
Switch off the light.

Ringraziamenti

Un grazie alla mia famiglia e Raffaele per la loro vicinanza. Ringrazio Anna, Martin e Jean per i preziosi suggerimenti. I miei ringraziamenti più calorosi vanno a Patricia per aver creduto in questa pubblicazione, per il grande supporto e il lavoro di supervisione e a Charlie per la bellissima copertina.

Acknowledgements

Thanks to my family and Raffaele for their love and affection. I'd like to thank Anna, Martin and Jean for their precious advice. My warmest thanks go to Patricia for believing in this poetry collection, for her great support and supervision. Thanks to Charlie for the beautiful cover illustration.

BV - #0043 - 080121 - C0 - 216/138/9 - PB - 9780992723552 - Matt Lamination